www.ingramcontent.com/pod-product-compliance
Lightning Source LLC
Chambersburg PA
CBHW082211070526
44585CB00020B/2364
9781636571140